BEI GRIN MACHT SICH IHR WISSEN BEZAHLT

AF149138

- Wir veröffentlichen Ihre Hausarbeit, Bachelor- und Masterarbeit

- Ihr eigenes eBook und Buch - weltweit in allen wichtigen Shops

- Verdienen Sie an jedem Verkauf

Jetzt bei www.GRIN.com hochladen und kostenlos publizieren

Johanna Scriba

Musik als Sprache im Figaro

Zur Frage der Personencharakterisierung durch Musik

GRIN Verlag

Bibliografische Information der Deutschen Nationalbibliothek:

Die Deutsche Bibliothek verzeichnet diese Publikation in der Deutschen National-
bibliografie; detaillierte bibliografische Daten sind im Internet über http://dnb.d-
nb.de/ abrufbar.

Impressum:

Copyright © 1988 GRIN Verlag GmbH
Druck und Bindung: Books on Demand GmbH, Norderstedt Germany
ISBN: 978-3-656-54580-4

GRIN - Your knowledge has value

Der GRIN Verlag publiziert seit 1998 wissenschaftliche Arbeiten von Studenten, Hochschullehrern und anderen Akademikern als eBook und gedrucktes Buch. Die Verlagswebsite www.grin.com ist die ideale Plattform zur Veröffentlichung von Hausarbeiten, Abschlussarbeiten, wissenschaftlichen Aufsätzen, Dissertationen und Fachbüchern.

Besuchen Sie uns im Internet:

http://www.grin.com/

http://www.facebook.com/grincom

http://www.twitter.com/grin_com

Proseminar I: Grundbegriffe der Opernanalyse

Referat: Musik als Sprache im „Figaro" -
Zur Frage der Personencharakterisierung durch Musik

I

Bei der Lektüre zum Thema "Die Hochzeit des Figaro" fällt folgender Absatz aus Stefan Kunzes Abhandlung "Mozarts Opern", Kap. 4, ins Auge:

„Daß die Personen ausschließlich im Ensemble, durch die Handlungen und Situationen, in die sie verstrickt werden und in denen sie sich zu bewähren haben, ihr unverwechselbares Profil gewinnen, trifft in besonderem Maße für „Le Nozze di Figaro" zu. Das Werk Mozarts und da Pontes ist keine „Charakterkomödie", wie stets irrtümlich angenommen wird. (…)
Der Irrtum liegt freilich nahe, Mozarts Musik oder gar seiner Intention Charakterdarstellung zu unterstellen."

Um Stefan Kunzes Behauptung einen Gegenposition entgegen zu stellen, beschränkt sich dieses Referat auf die Analyse ausgewählter Solo-Gesangsnummern.

II a

Die Cavatina Nr. 3 „Se vuol ballare, Signor Contino" ist die erste Arie der Titelfigur und daher für die Entwicklung ihres Charakters von zentraler Bedeutung. Figaro weiß sich alleine und hätte Gelegenheit, seiner augenblicklichen Stimmung ungehemmten Ausdruck zu verleihen. Vom Kontext her könnte an dieser Stelle eine Rache- oder Revolutionsarie in geradem Takt und schnellem Tempo stehen. In der Tat ist der Tanzcharakter der Cavatina nach dem vorangegangenen Solorezitativ mit der Mollparallele zu Beginn, den in Bewegung geratenen Bässen und dem kriegerischen Schluß, ein Überraschungs-effekt. Anstelle des zu erwartenden forte-Ausbruchs steht ein von graziösem Streicherpizzicato begleitetes Menuett – ein Symbol für gesellschaftliche Etikette schlechthin, mit dem Wort „Wenn …" zu Beginn. Durch die Wiederholung von Tönen, Motiven, Melodiephrasen und Textteilen, durch die rhythmische Monotonie und den regelmäßigen Wechsel zwischen Tonika und Dominante gestaltet sich der erste Abschnitt der Arie sehr berechenbar. Wären nicht das zu schnelle Tempo, die respektlose Verkleinerung von „conte" zu „contino", sowie die beiden Spitzentöne bei „si", so könnte man an nichts ablesen, dass der Sänger es mit dem Adressaten nicht freundlich meint.
Ab Takt 19 kommt jedoch in den Nebenstimmen Bewegung auf. Die Begleitinstrumente Horn, Fagott und Oboe, von denen Horn und

Fagott an allen Arien Figaros beteiligt sind, gewinnen ein Eigenleben: Kunze spricht vom „bedrohlichen Pochen der Hörner", Abert von „lauernden Geigentrillern". Wirkliche Aggressivität spricht aber erst aus den forte-Ausbrüchen der Singstimme bei „se vuol venire" und „la capriola", die jedoch in den folgenden Takten wieder zum piano zurück genommen werden. Ebenso werden die forte-Läufe der Violinen im nächsten Textabschnitt sofort von piano-Trillern abgefangen. Dieser Abschnitt baut durch ansteigende Sequenzierung und kürzer werdende Pausen zwischen den Einsätzen der Singstimme einen Spannungsbogen auf, der in Takt 51 durch ein subito piano, bezeichnenderweise genau auf dem Wort „piano", abrupt abgebrochen wird. Harmonisches Ausrufungszeichen ist an dieser Stelle der Dominantseptnonakkord nach d-moll. „Piano", was übersetzt werden kann mit „leise", aber auch mit „langsam" oder „vorsichtig", ist ein Schlüsselwort für Figaro. Er wiederholt es als Antwort auf Susannas Eröffnungen im Duettino Nr. 2 dreizehn Mal, desgleichen wiederholt er es auch hier. Der Mittelteil der Arie bricht aus Tempo und Taktart aus. Er trifft mit seinem kurzen, ständig wiederholten rhythmischen Motiv noch am ehesten den „buffo"-Ton. Figaro erläutert hier, was er dem Grafen in seiner „Schule" beibringen will, nämlich die hohe Kunst der Intrige. Der Text der Cavatina bezieht sich an dieser Stelle deutlich auf Beaumarchais Zeichnung seines Kammerdieners:

„ … er macht sich über die Pläne seines Herrn lustig und empört sich sehr drollig darüber, daß jener Listen gegen ihn, den Meister in dieser Kunst, anzuwenden wagt."

Aus dem presto-Teil spricht also eher temperamentvolle Zuversicht als Drohung oder Zorn. Figaro ist sich seiner Überlegenheit sicher. Trotzdem meint Götz Friedrich zur Rückkehr zum ¾-Takt und zu Tempo I:

„Es liegt in den Takten nach diesem Temperamentsausbruch, nach dieser Vorstellung eines fights, den er führen will, ein Sich-Zurückrufen in die Kontrolle des langsamen Menuett-Tempos."

Zudem wird die Ironie des scheinbar so harmlosen „Tanzes" erst durch die Wiederholung des stark verkürzten, ersten Teiles deutlich.
Das 8-taktige Orchesternachspiel, ein Nachtanz, der sich aus dem presto-Teil ableitet, ist Figaros auskomponierter Abgang. Figaro wird diese Melodie, die so beredt von seiner kampflustigen Stimmung Zeugnis ablegt, bei seinem Auftritt im Zimmer der Gräfin zitieren. Zu seinem Abgang nach derselben Szene singt er noch einmal den Beginn der Cavatina, was in Anbetracht der Anwesenheit einer Vertreterin des Adelsstandes für seine Zivilcourage spricht.

Bei der Beurteilung der Cavatina kommen einige Autoren zu erstaunlichen Ergebnissen. Götz Friedrich meint, die Cavatina sei die Stelle, an der Mozart den sogenannten Revolutionär Figaro am Eindeutigsten schildere. Schon weniger plausibel, bescheinigt Marcel Brion ihr die „raue, verhaltene Gewalttätigkeit einer Revolutions-hymne".

Zum Menuett im Allgemeinen schreibt Stefan Kunze: „Dem ursprünglich höfischen Tanz war im österreichisch-süddeutschen Raum ein die Stände verbindender Charakter zugewachsen. Aus dem Wissen um die zusammen führende Macht des Menuetts, das die Standesunterschiede aufhebt, wird er es mit dem Grafen aufnehmen."

Joachim Kaiser behauptet sogar, Figaro imitiere in seiner Arie einen Fechtkampf mit dem Grafen. Der Gedanke an ein Duell zwischen dem Kammerdiener und seinem adligen Herrn ist jedoch gänzlich absurd. In Wahrheit wird der Standesunterschied zwischen beiden Figuren an keiner Stelle der Oper aufgehoben.

II b
Die Rolle Cherubinos wird von Beaumarchais folgendermaßen umrissen:

„Der Grundzug seines Wesens ist ein unbestimmtes, unruhiges Sehnen. Er stürzt sich planlos, kenntnislos in die Männlichkeit und gibt sich voll jedem Erlebnis hin. Er ist so, wie jede Mutter im Grunde ihres Herzens sich ihren Sohn wünscht, obwohl sie dabei sehr leiden würde."

Die beiden Grundkomponenten seines Charakters werden von den Begleitinstrumenten der Arie nachgezeichnet: Seine Rastlosigkeit durch die stete Achtel-Wellenbewegung der gedämpften Violinen, die durch die Pause auf betonter Taktzeit etwas Haltloses bekommt, das „unbestimmte Sehnen" mittels langer Haltetöne der Bläser, unter denen zum ersten Mal seit der Ouvertüre auch die Klarinette ist.

Cherubino hat keine Zeit für ein Instrumentalritornell. Er platzt mit seiner Arie ohne Orchestereinleitung heraus. Die schwärmerischen Melodien der Singstimme sind mit Verzierungen reizvoll gestaltet, z.B. werden die Schlüsselworte des Textes, „donna", „desio", „amore", „accenti" etc. durch Chromatik, rhythmische Dehnungen und Melismen hervor gehoben. Bei „donna" gerät die halbe Note auf unbetonter Taktzeit durch ihren synkopischen Effekt in Gegensatz zur fort eilenden Achtelbewegung der Violinen. Bei „desio" dissoniert das ‚des' der Singstimme zum ‚c' er Nebenstimmen. Im zweiten Seitensatz kehrt eine gewisse Beruhigung ein: Die Achtelbewegung der Streicher wird geschlossen, und längere Pausen trennen die Phrasen der Singstimme. Wie schon im ersten Seitensatz wird auch hier die harmonische Basis As-Dur durch Zwischendominanten ins Wanken gebracht. Der Orgelpunkt ‚b' illustriert die träumerische Stimmung des Textes. In Takt 65 findet sich die erste der sechs Fermaten, die den musikalischen Fluß unterbrechen und die Singstimme für einen Augenblick allein und einsam stehen lassen. Ab Takt 71 gibt der Komponist die regelmäßige Rondo-Form auf: Nach der Rückkehr in die Grundtonart Es-Dur folgt keine Wiederholung des Refrains, sondern eine Coda, die zunächst wieder von einem träumerischen Orgelpunkt und Seufzermotiven bestimmt wird.

Bei Takt 91 schlägt das Tempo überraschend zu Adagio um. Mozart komponiert hier den typisch pubertären Stimmungsumschwung vom „himmelhoch jauchzend" zum „zu Tode betrübt". Die Singstimme schleppt sich mit den Worten „e se non ho chi m'oda" pausen-zerrissen abwärts, nur noch von sparsamen Akkordsäulen gestützt, um in Takt 95 in tragischem c-moll zu verharren. Noch einmal schwingt sich die Melodie im Tempo I mit schmerzlichen Vorhaltsdissonanzen auf, bevor die abrupte forte-Kadenz der Arie ein hilflos-trotziges und unfreiwillig komisches Ende setzt.

II c

Die Dreiteiligkeit der Rosen-Arie ist kaum zu spüren. Sie wird eigentlich nur durch den Übergang in Takt 40 nach C-Dur und die Rückkehr in Takt 53 nach F-Dur deutlich. Die einzelnen Abschnitte kontrastieren nicht zueinander, sie sind im Gegenteil sehr einheitlich gestaltet. Es lässt sich aber eine durchgehende, allmähliche Steigerung beobachten.

Susanna setzt mit ihrem Gesang nach einer kurzen Orchester-Einleitung ein, die durch die Instrumentierung des Hauptthemas mit Flöten, Oboen und Fagott eine pastorale Färbung erhält. Dieses Hauptthema ist dem Nachsatz des Susanna-Themas aus der ersten Szene abgelauscht. Die pizzicato-Akkorde der Streicher, die eine Gitarren-Begleitung imitieren, kennzeichnen die Arie eindeutig als Ständchen, also als „Spiel im Spiel", und schaffen so eine Distanz zwischen dem Liedvortrag und der tatsächlichen emotionalen Situation der Figur. Susanna könnte ihre Arie theoretisch selbst auf der Gitarre begleiten, wie sie es schon mit Cherubinos Canzona im II. Akt getan hat.

Im ganzen ersten und zweiten Abschnitt der Arie ist kaum eine Entwicklung zu erkennen: Die Singstimme hält sich weitgehend an de wiegenden siciliano-Rhythmus, die Holzbläserstimmen sind auf sparsame Einwürfe reduziert, die laut Marcel Brion das Murmeln der „Bäche und die von einem leichten Wind bewegten Zweige" darstellen sollen.

Ab Takt 56 wird die Steigerung auf allen Ebenen spürbar: Die Streicher geben stufenweise die pizzicato-Begleitung auf, wodurch die Distanz des „Ständchens" verloren geht. Die Einwürfe der Holzbläser verbinden sich zu längeren Phrasen. Die Behandlung der Singstimme wird immer freier – eine

Entwicklung, die mit den Dehnungen auf „vieni" beginnt und in den Fermaten und Läufen der letzten Textzeile und dem längstgehaltenen Ton der Arie auf „incoronar" kulminiert. „Susanna gerät ins Schwärmen", schreibt Abert. Nach Götz Friedrich werden Koloraturen bei Mozart nur dann gesungen, wenn jemand außer sich gerät.

Alle Autoren sind sich einig, dass Susanna spätestens an dieser Stelle der Arie ihre eigentliche Intention, nämlich ein fingiertes Ständchen an den Grafen zu singen, um ihrem eifersüchtigen Bräutigam einzuheizen, vergessen hat, und sich statt dessen zu einer ehrlichen Liebeserklärung an Figaro hinreißen lässt. Die Meinungen gehen lediglich über den genauen Punkt auseinander, an dem der Austausch der Adressaten stattfindet.

Literatur:

de Beaumarchais, Pierre Augustin Caron, Vorwort zu "Der tolle Tag oder Figaros Hochzeit", in:
Attila Csampai, Dietmar Holland: „Wolfgang Amadeus Mozart. Die Hochzeit des Figaro. Texte, Materialien, Kommentare.", S.224 ff., Reinbek, Rowohlt, 1982

Kaiser, Joachim: "Mein Name ist Sarastro", S.105, München, Piper, 1984

Brion, Marcel: „Mozarts Meisteropern", S.14, S.21, Erlenbach-Zürich, Eugen Rentsch Verlag, 1956

Programmheft der Deutschen Oper Berlin zu „Die Hochzeit des Figaro" 1981/87, darin: Dialog über "Mozart auf dem Theater" zwischen Prof.Götz **Friedrich** und Prof Hans Mayer, S.11 ff., NDR Hamburg, 1978, gekürzte und redigierte Version der 1.Folge einer vierteiligen Radiosendung

Kunze, Stefan: „Mozarts Opern", S.240, S. 245, Stuttgart, Reclam, 1984

Abert, Herrmann: „W. A. Mozart", S.301, S.355, Leipzig, Breitkopf & Härtel, 1955